Freiarbeit — *Stefanie Kraus*

Lernwerkstatt
Den Hinduismus kennen lernen

Infotexte / Aufgaben / Diskussionen
Sinnerfassendes Lesen / Mit Lösungen

KOHL VERLAG
Lernen mit Erfolg
Der Verlag mit dem Baum

www.kohlverlag.de

Nutzen Sie unseren bequemen Onlineshop!

- Ausführliche Informationen
- Aussagekräftige Leseproben
- Schnäppchen & besondere Angebote

www.kohlverlag.de

Lernwerkstatt
„Den Hinduismus kennen lernen"

1. Auflage 2013

© Kohl-Verlag, Kerpen 2013
Alle Rechte vorbehalten.

Inhalt: Stefanie Kraus
Umschlagbild: © Rudolf Tepfenhart - Fotolia.com
Grafik & Satz: Eva-Maria Noack / Kohl-Verlag
Druck: Medienzentrum Süd, Köln

Bestell-Nr. 11 260

ISBN: 978-3-86632-500-5

Inhalt

		Seite
Vorwort & methodisch-didaktische Hinweise		4 - 5
Allgemeine Informationen		6 – 8
Kapitel I:	**Geschichte – Hintergründe – Glauben**	**9 – 21**
	• Die verschiedenen Glaubensrichtungen	9 – 10
	• Die Götter und Avataras	11 – 14
	• Die Heiligen Schriften	15 – 16
	• Das Kastensystem	17 – 19
	• Die Wiedergeburt	20 – 21
Kapitel II:	**Feste des Hinduismus**	**22 – 27**
	• Allgemeine Feste	22 – 23
	- Diwali	
	- Holi	
	- Makar Sankranti	
	• Persönliche Feste	24 – 27
	Geburt	
	Namensgebung	
	Die Übergabe der „Heiligen Schnur"	
	Hochzeit	
Kapitel III:	**Bräuche, Riten und Symbole**	**28 – 41**
	• Den Glauben im Tempel leben	28 – 29
	• Die Gebete („Pujas")	30
	• Die „Zehn Lebensregeln" des Hinduismus	31 – 32
	• Pilgerreise zum Ganges	33 – 34
	• Die Verehrung der Kuh	35 – 36
	• Die Symbole des Hinduismus	37 – 38
	- Die Silbe „Om"	
	- Das „Bindi"	
	• Mahatma Gandhi	39 – 41
Kapitel IV:	**Abschlusstest**	**42 – 43**
Kapitel V:	**Lösungen**	**44 – 48**

Vorwort & methodisch-didaktische Hinweise

Liebe Kolleginnen und Kollegen,

der vorliegende Band „Den Hinduismus kennen lernen" beschäftigt sich intensiv mit einer der fünf großen Weltreligionen. Aber was berechtigt eine Religion zur Weltreligion?

Religionswissenschaftler aus den unterschiedlichsten Kulturen beschäftigen sich seit Jahren mit dem Thema „Weltreligionen". Sie versuchen zu erklären, woran man eine Weltreligion erkennt und warum gerade diese Religion in ihren Augen zu einer Weltreligion zählt.

Sicher ist, dass es bis heute in den unterschiedlichsten Kulturen und religiös geprägten Gegenden keine einheitliche Definition über die Merkmale einer Weltreligion gibt.

Das ist nachvollziehbar, denn was genau sind nun die Eckpunkte, die eine Weltreligion ausmachen bzw. eine Religion berechtigt, sich als Weltreligion zu sehen? Bestimmt hierbei die Menge der Anhänger, der geschichtliche Hintergrund, das Alter der jeweiligen Religion, die flächendeckende Verbreitung, die grundlegenden Schriftstücke oder die endzeitliche Erlösung, sich den Stempel „Weltreligion" zu verleihen?

Sicher haben einige der genannten Punkte genug Gewicht, um für eine wichtige Religion in dieser Welt zu stehen. Aber vielleicht ist es heute auch sinnvoller, von den häufigsten „Religionen der Welt" zu sprechen, denn durch unsere Globalisierung ist es nicht mehr möglich, sie nur auf eine bestimmte Gegend oder ein bis zwei Kontinente zu begrenzen.

Die verschiedenen Religionen sind immer häufiger nebeneinander und in den unterschiedlichsten Orten der Welt zu finden. So wie sich unsere Kulturen immer mehr vermischen, vermischen sich auch die Religionen bzw. leben immer mehr Anhänger unterschiedlichster Religionen Tür an Tür.

Gerade die enge Nachbarschaft und die stärker werdende Globalisierung macht es immer wichtiger, dass wir uns selbst und vor allem auch unsere Kinder dafür sensibilisieren, sich auch in den unterschiedlichsten Religionen gegenseitig zu akzeptieren. Diese Akzeptanz kann nur entstehen, wenn man ein entsprechendes Grundwissen über die jeweilige Religion hat.

Viele Missverständnisse entstehen durch Unkenntnis. Unkenntnis und das sich Verschließen vor Unbekanntem kann sogar zu Kriegen führen! Sicher soll man nicht seine eigene Identität unterdrücken oder gar verleugnen, sich nicht unbedingt ändern, aber der Versuch, Neues zu kennen und verstehen zu lernen, bringt das gemeinsame Miteinander zum Erfolg. Gerade in unserer sich wandelnden Kultur, in der Wirtschaft und Gesellschaft sich immer schneller drehen, müssen Kinder und Jugendliche offen für die Welt sein.

Deshalb ist es sicher nie verkehrt, sie im eigenen Glauben zu bestärken und trotzdem Grundlagen für das Verstehen anderer Kulturen zu schaffen.

Alle weltlichen Kulturen sind bis zu einem gewissen Grad von der jeweilig vorherrschenden Religion geprägt. Dies zeigt sich vor allem auch in den Riten, Festen und den jeweiligen Bräuchen.

Vorwort & methodisch-didaktische Hinweise

Die vorliegenden Kopiervorlagen zum Hinduismus sollen Grundkenntnisse für diese Religion schaffen und uns manche Dinge verständlich machen.

Sicher begegnen uns Traditionen und Geschichten, die unvorstellbar erscheinen, aber Wissen öffnet Horizonte!

Das vorliegende Material ist in drei große Bereiche unterteilt. Sie können die unterschiedlichsten Sozialformen zur Erarbeitung anwenden. Die umfangreichen Lösungen erlauben von Einzel- bis zu Gruppenarbeit die verschiedensten Vorgehensweisen. So ist es möglich, auch einzelne Bereiche (aus Zeitmangel oder sonstigen Gründen) wegzulassen oder nur einen Bereich, wie z.B. die Feste der Religion, herauszunehmen und beispielsweise mit einer anderen Religion vergleichen zu lassen. Die Möglichkeiten sind vielfältig.

Auch eine komplette Gruppenerarbeitung ist möglich. Die Klasse wird in drei Großgruppen aufgeteilt und jeder Gruppe nur ein Teil der Religion zugeteilt. Diese können ihren Bereich erarbeiten und zur Präsentation für die anderen Klassenmitglieder aufbereiten. So wird intensiv miteinander gelernt, aber auch Verantwortung vermittelt, da die Klassenkameraden nur durch die Präsentation der anderen etwas erlernen.

Ich wünsche Ihnen ein erfolgreiches und motivierendes Arbeiten mit den vorliegenden Kopiervorlagen! Ihre

Stefanie Kraus

Übrigens: Mit Schülern bzw. Lehrern sind im ganzen Band selbstverständlich auch die Schülerinnen und Lehrerinnen gemeint.

Bedeutung der Symbole:

 Einzelarbeit EA

 Partnerarbeit PA

 Arbeiten in kleinen Gruppen GA

 Arbeiten mit der ganzen Gruppe GA

Allgemeine Informationen

Der Hinduismus ist mit etwa 900 Millionen Anhängern die drittgrößte Religion der Welt. Menschen, die zum Hinduismus gehören, werden als „Hindus" bezeichnet. Die meisten Hindus leben in Indien, aber auch in Nepal, Bangladesch, Sri Lanka und auf Bali.

„Hindu" ist, wer in eine Hindu-Familie hineingeboren wird. „Hindu" ist die Bezeichnung für einen weiblichen wie für einen männlichen Anhänger der Religion.

Die meisten Hindus glauben nicht nur an einen Gott, sondern an mehrere Gottheiten. Im Hinduismus haben religiöse Lehrer (Gurus) oft einen großen Stellenwert für den persönlichen Glauben.

Die ältesten heiligen Schriften des Hinduismus sind die Veden.

Aufgabe 1: Notiert alle Stichwörter, die euch zum Thema „Hinduismus" einfallen.

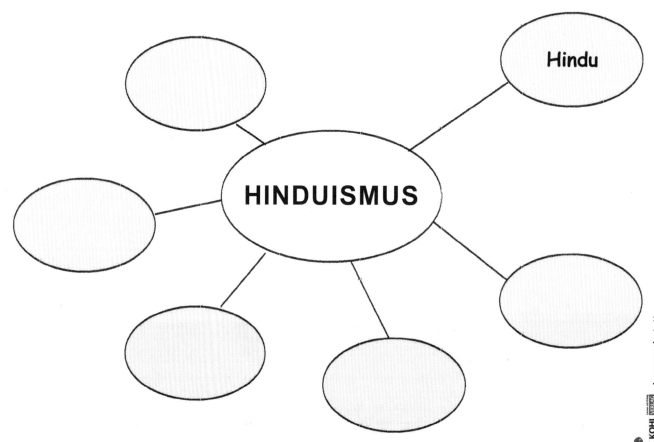

Allgemeine Informationen

 Aufgabe 2: Tragt in die Tabelle die Länder ein, in denen der Hinduismus weit verbreitet ist und ergänzt die passenden Kontinente. Markiert die Länder dann farbig in der Weltkarte.

PA

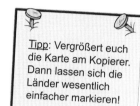
Tipp: Vergrößert euch die Karte am Kopierer. Dann lassen sich die Länder wesentlich einfacher markieren!

Land	Kontinent

Seite 7

Allgemeine Informationen

Aufgabe 3: Definiere folgende Begrifffe in deinen eigenen Worten.

Hindu: _____
_____
_____
_____
_____

Guru: _____
_____
_____
_____
_____

Veden: _____
_____
_____
_____
_____
_____
_____

Guru Nanak ca. 1830

I. Geschichte – Hintergründe – Glauben

Die verschiedenen Glaubensrichtungen

Der Hinduismus ist keine einheitliche Religion. Er besteht vielmehr aus verschiedenen Glaubensrichtungen, die sich gegenseitig beeinflussen, aber große Unterschiede in den heiligen Schriften, der Götterwelt und den Ritualen aufweisen. Gemeinsam ist den meisten Hindus jedoch, dass sie an einen sich ständig wiederholenden Kreislauf von Leben und Tod (Samsara) und an die Wiedergeburt (Reinkarnation) glauben. Trotz aller Unterschiede können die Hindus der verschiedenen Glaubensrichtungen gemeinsam feiern und beten. Für die meisten Gläubigen ist der Hinduismus eine Weltanschauung und Lebensart, die Einfluss auf ihr tägliches Leben nimmt - zum Beispiel bei der Nahrungszubereitung, bei der Arbeit oder in der Schule. Die Hindus bezeichnen ihre Religion als „Sanatana Dharma". Dies bedeutet so viel wie „Ewige Ordnung" oder „Ewige Religion".

Aufgabe 1: Verbinde die zusammengehörenden Satzteile.

EA

A **Sanatana Dharma**

B **Beim Hinduismus**

C **Die meisten Hindus glauben**

D **Die heiligen Schriften, angebetete Götter und Rituale**

E **Für viele Hindus**

1 kann man nicht von einer einheitlichen Religion sprechen.

2 ist die Bezeichnung für die hinduistische Religion.

3 ist der Hinduismus eine Lebensart

4 an die Reinkarnation und den Kreislauf von Leben und Tod.

5 der verschiedenen Glaubensrichtungen unterscheiden sich sehr stark.

I. Geschichte – Hintergründe – Glauben

Die Götter und Avataras

Die meisten Hindus glauben nicht an einen einzigen Gott, sondern an mehrere Gottheiten. Die wichtigste Gottheit der Hinduisten ist „Brahma". Brahma ist jedoch kein wirklicher Gott, sondern eine „göttliche Kraft", die alles lebendig macht.
Neben „Brahma" verehren die Hindus vor allem drei verschiedene Götter. Diese sind „Vishnu", der Gott der Güte, der die Welt erhält, „Shiva", der Gott der Gegensätze, der das Alte zerstört, damit Neues auf der Welt entstehen kann und „Shakti", die Göttin der Ur-Energie. Daneben gibt es noch viele andere Götter.
Die Hindus dürfen selbst entscheiden, welche Götter sie verehren möchten. Die meisten glauben aber nur an einen der drei Götter. Dabei gibt es im Glauben an einen Gott verschiedene Glaubensrichtungen. So können sich die Verehrer des Gottes „Vishnu" beispielsweise nicht über den Weg ihrer Erlösung einigen: Einige von ihnen glauben an den sogenannten „Affenweg". So wie ein Affenbaby sich an seiner Mutter festklammern muss, sollte auch der Mensch etwas zu seiner Erlösung beitragen. Beim sogenannten „Katzenweg" dagegen nimmt die Mutter ihr Katzenbaby zwischen ihre Zähne, ohne dass sich das Kind selbst festhalten muss. So warten die Anhänger des „Katzenweges" auf ihre Erlösung, ohne etwas dafür zu tun.
Viele Hindus glauben auch an Avataras. Dies sind Gottheiten, die die Gestalt eines Menschen oder eines Tieres annehmen. Ein besonders verehrter Avatara ist der elefantenköpfige „Ganesha", der der Sohn Shivas und seiner Frau Parvati sein soll.

Aufgabe 2: Beantworte die folgenden Fragen in vollständigen Sätzen.

a) Wie heißt die wichtigste Gottheit im Hinduismus und wofür steht sie?

_____

_____

_____

b) Wird den Hindus vorgeschrieben, welche Götter sie verehren müssen?

_____

_____

_____

I. Geschichte – Hintergründe – Glauben

c) Was sind Avataras?

d) Wofür steht der Gott Shiva?

Aufgabe 3: Löse das Rätsel. Die Buchstaben in den grauen Kästchen ergeben, in die richtige Reihenfolge gebracht, ein Lösungswort.

Ä = AE

1. Die wichtigste Gottheit der Hindus heißt: ...
2. ... ist der Gott der Güte, der für die Erhaltung der Welt zuständig ist.
3. Der Name der Göttin der Ur-Energie lautet ... .
4. Ganesha ist der Sohn ... .
5. ... sind Gottheiten in Gestalt eines Menschen oder eines Tieres.
6. Shiva ist der Gott der ... .

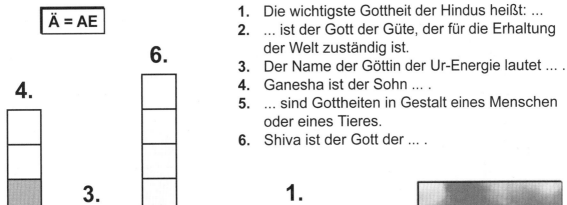
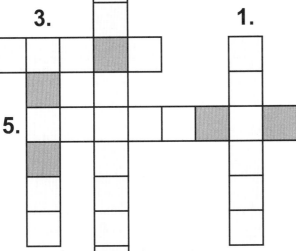

Lösungswort:

I. Geschichte – Hintergründe – Glauben

Aufgabe 4: Ordnet den Gottheiten die passenden Namen zu und recherchiert, wofür sie stehen.

PA

Saraswati – Krishna – Ganesha

Name: _____

Aufgabe: _____

_____

_____

_____

_____

_____

Name: _____

Aufgabe: _____

_____

_____

_____

_____

_____

Name: _____

Aufgabe: _____

_____

_____

_____

_____

_____

I. Geschichte – Hintergründe – Glauben

PA

Aufgabe 5: Manchmal können sich Mitglieder verschiedener Glaubensrichtungen bei einer Gottheit nicht auf dessen Erlösungsform einigen. So beispielsweise beim Gott „Vishnu".
Welche Ansicht vertreten die Anhänger und weshalb werden die Wege so genannt?

Der „Katzenweg" _____

_____
_____
_____
_____
_____
_____
_____

Der „Affenweg" _____

_____
_____
_____
_____
_____
_____
_____

I. Geschichte – Hintergründe – Glauben

Aufgabe 6: *Fülle den folgenden Steckbrief mit einem Gott deiner Wahl aus und stelle die Gottheit anschließend deiner Klasse vor.*

EA

– selbst gezeichnetes Porträt –

Name: _____

Eltern / Reinkarnation von:

_____

_____

_____

steht für: _____

_____

_____

_____

Erkennungsmerkmale: _____

_____

_____

_____

_____

Deshalb habe ich diese Gottheit ausgewählt:

_____

_____

_____

_____

I. Geschichte – Hintergründe – Glauben

Die Heiligen Schriften

Im Hinduismus gibt es kein heiliges Buch wie die Bibel im Christentum oder den Koran im Islam.

Es existieren vielmehr zahlreiche verschiedene Schriften, nach denen sich die Hindus richten. Die ältesten, wichtigsten und heiligsten Schriften des Hinduismus sind die „Veden". Diese bedeuten übersetzt „Wissen". Die Veden sind ungefähr 3500 Jahre alt und enthalten Erzählungen über Götter, magische Beschwörungen und Gesänge von Priestern.

Heute stützen sich die Hindus vor allem auf die Lehren der „Upanishaden", den jüngeren Schriften der Veden. Hier wird den Menschen das Wissen über den Kreislauf von Leben und Tod weitergegeben.

Die „Bhagavad Gita", der Gesang des Erhabenen, ist die bekannteste heilige Schrift der Hindus. Sie ist besonders bei Kindern sehr beliebt, da sie wunderbare Geschichten über den Helden Arjuna und seine Begegnungen mit dem Gott Krishna erzählt.

Aufgabe 7: Kreuze die richtigen Aussagen an.   [X] Richtig

EA

a) ☐ „Veden" bedeutet übersetzt Wissen.

b) ☐ Im Hinduismus gibt es nur ein heiliges Buch, das „Saraswati" heißt.

c) ☐ Die Schriften sind ca. 1000 Jahre alt.

d) ☐ Die bekannteste heilige Schrift heißt „Bhagavad Gita".

e) ☐ Der „Gesang der Erhabenen" ist bei Kindern unbeliebt.

f) ☐ Vor allem die jüngeren Lehren der Upanishaden sind heute weit verbreitet.

Rigveda in Sanskrit geschrieben (frühes 19. Jh.)

I. Geschichte – Hintergründe – Glauben

Aufgabe 8: Hier siehst du nachfolgend einen übersetzten, sinngemäßen Ausschnitt aus der Bhagavad Gita. So bekommst du einen kleinen Einblick in die beliebten Geschichten über den Helden Arjuna und du erhältst einen Eindruck von den SChriften der Hindus. Lies den Text aufmerksam durch und beschreibe dann, in welcher Situation Arjuna steckt.

> 1.27 Als der Sohn Kuntis, Arjuna, all seine verschiedenen Freunde und Verwandten sah, wurde er von Mitleid überwältigt und sprach:
>
> 1.28 Mein lieber Krishna, wenn ich meine Freunde und Verwandten so kampflustig vor mir sehe, fühle ich, wie mir die Glieder zittern und mein Mund trocken wird.
>
> 1.29 Ich zittere am ganzen Körper und meine Haare stehen mir zu Berge. Mein Bogen Gandiva gleitet mir aus der Hand, und meine Haut brennt.
>
> 1.30 Ich kann hier nicht länger bleiben. Ich vergesse mich und mein Denken ist wie irr. Ich sehe nur Unheil drohen. O Vernichter des Kesi Dmonen.
>
> 1.31 Ich kann mir nicht vorstellen, wie Gutes entstehen kann, wenn ich meine Verwandten in dieser Schlacht töte, noch kann ich, mein lieber Krishna, einen Sieg, ein Königreich oder Glück begehren.
>
> 1.32 O Govinda, was nützen uns ein Königreich, Glück oder selbst das Leben, wenn alle, für die wir dies begehren, auf dem Schlachtfeld aufgestellt sind? .....

Aufgabe 9: Versuche den Konflikt, in dem sich der Held Arjuna befindet, mit deinen eigenen Worten zu beschreiben. Schreibe auf die Blattrückseite oder in dein Heft.

I. Geschichte – Hintergründe – Glauben

Das Kastensystem

Zu den wichtigsten Merkmalen des Hinduismus zählt das Kastensystem, bei dem die Gesellschaft in vier verschiedene Kasten eingeteilt wird.

Die Hindus glauben, dass jeder Mensch in eine Kaste hineingeboren wird. Die Zugehörigkeit zu einer Kaste bestimmt, wie angesehen ein Hindu ist und welchen Beruf er ausüben darf.

Die oberste Kaste ist die Kaste der „Brahmanen". Diese sind oft Politiker, Priester oder Gelehrte. Die nächste Kaste ist die der „Kshatriyas", zu der Krieger, Adlige und Beamte gehören. Dann folgen die Kasten der „Vaishyas" (reiche Bauern, Handwerker, Händler) und der „Shudras" (arme Bauern, Knechte, Diener).

Unter diesen Kasten stehen die „Parias", auch „Unberührbaren" genannt, die kastenlos sind und am wenigsten geachtet werden. Die Hindus glauben, dass abhängig davon, wie viel Gutes oder Schlechtes ein Mensch in seinem vorherigen Leben getan hat, er in eine bestimmte Kaste hineingeboren wurde.

Durch Mahatma Gandhi wurde das Kastensystem offiziell abgeschafft. Er empfand es als ungerecht und war der Meinung, dass auch die Menschen der unteren Kasten ein Recht auf ein gutes Leben ohne Armut haben. Viele Hindus handeln jedoch weiter nach dem Kastensystem, weil sie daran glauben und es für richtig halten. Sie sind davon überzeugt, dass sie durch die Wiedergeburt in ihrem nächsten Leben in eine höhere Kaste hineingeboren werden können.

Aufgabe 10: *Erkläre die folgenden Begriffe in deinen eigenen Worten.*

EA

Parias: _____

_____

_____

_____

Kastensystem: _____

_____

_____

_____

Kshatriyas: _____

_____

_____

_____

I. Geschichte – Hintergründe – Glauben

Aufgabe 11: Ergänzt die Pyramide!
Wie heißen die einzelnen Kasten und wer gehört welcher Kaste an?

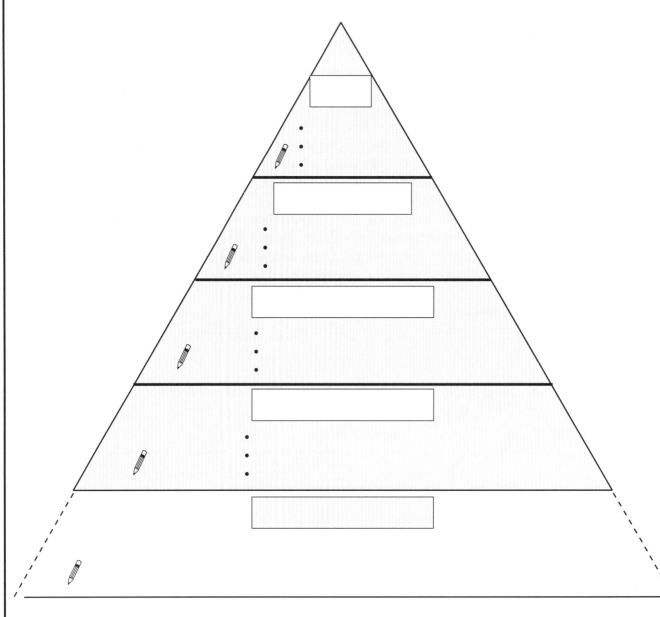

I. Geschichte – Hintergründe – Glauben

Aufgabe 12: Recherchiert nun, welche Aufgaben die folgenden Kasten haben und notiert eure Ergebnisse.

Brahmanen: _____
_____
_____

Kshatriyas: _____
_____
_____

Vaishyas: _____
_____
_____

Shudras: _____
_____
_____

Aufgabe 13: Beantworte folgende Frage in ganzen Sätzen:
Wie kann man nach dem Glauben der Hindus in eine höhere Kaste aufsteigen?

_____
_____
_____
_____
_____
_____

I. Geschichte – Hintergründe – Glauben

Die Wiedergeburt

Hindus glauben an die Wiedergeburt (Reinkarnation). Dabei kehrt die Seele nach dem Tod in einem anderen Lebewesen wieder auf die Erde zurück. So entsteht ein ewiger Kreislauf aus Leben und Tod („Samsara"). Im Glauben der Hindus kann man nicht nur als Mensch, sondern auch als Pflanze oder Tier wiedergeboren werden. In welchem Wesen jemand wiedergeboren wird, hängt davon ab, ob er in seinem vorherigen Leben Gutes oder Schlechtes getan hat. Die Taten eines Hindus ergeben sein „Karma".

Die Hindus glauben daran, dass durch gute Taten ein gutes Karma erreicht werden kann. Durch ein gutes Karma können sie in „höheren" Wesen wiedergeboren werden. Das höchste Ziel eines Hindus ist es, irgendwann aus dem Kreislauf aus Leben und Tod auszusteigen und zur Erlösung („Moksha") zu gelangen.

Aufgabe 14: Kreuze an, ob die nachfolgenden Aussagen richtig (**R**) oder falsch (**F**) sind.

R   F

a) ☐ ☐ Die Erlösung wird auch „Moksha" genannt.

b) ☐ ☐ Alle Hindus glauben an die Reinkarnation.

c) ☐ ☐ Der ewige Kreislauf aus Leben und Tod wird „Nirwana" genannt.

d) ☐ ☐ Menschen können nur in menschlicher Gestalt wiedergeboren werden.

e) ☐ ☐ Das Wesen, als das man wiedergeboren wird, hängt vom Karma des Menschen ab.

f) ☐ ☐ Die Seele kehrt nach dem Tod im selben Lebewesen zurück.

g) ☐ ☐ Das höchste Ziel der Hindus ist es, aus dem Samsara auszuscheiden.

Aufgabe 15: Nenne ein Beispiel für eine deiner Taten, bei denen du als Hindu ein „gutes Karma" gesammelt haben könntest.

I. Geschichte – Hintergründe – Glauben

Aufgabe 15: Überlegt gemeinsam, durch welche Taten ein Hindu ein gutes Karma und durch welche Taten er ein schlechtes Karma erreichen kann. Sammelt eure Ideen in der Tabelle.

Taten für ein gutes Karma	Taten für ein schlechtes Karma

II. Feste des Hinduismus

Allgemeine Feste

Im Herbst feiern die Hindus das Lichterfest „**Diwali**". Übersetzt bedeutet Diwali „Lichterschwarm". Es kann zwischen einem Tag und fünf Tagen dauern. Die Familien schmücken ihre Häuser und Tempel mit Kerzen, kleinen Öllampen, Lichterketten und Papiergirlanden. In den Städten finden Feuerwerke statt und auf den großen Straßen werden Knallfrösche gezündet. Diwali ist ein sehr religiöses Fest, denn nach dem Glauben der Hindus sollen die Seelen der Verstorbenen mit Hilfe der Lichter den Weg in den Himmel finden. Die Gläubigen feiern den Sieg des Guten über das Böse und des Lichts über die Dunkelheit. In Nordindien ist Diwali gleichzeitig der Neujahrstag.

„**Holi**" ist ein Frühlingsfest, bei dem mit großen Umzügen der Sieg des Guten über das Böse bzw. des Frühlings über den Winter gefeiert wird. Es dauert mindestens zwei Tage, kann aber in einigen Gegenden bis zu zehn Tage anhalten. Besonders die Kinder haben an diesem Fest viel Freude, da sich die Gläubigen mit gefärbtem Wasser bespritzen und mit bunten Farbtupfern bewerfen. Daher wird Holi auch das „Fest der Farben" genannt. Das besondere an diesem Fest ist, dass keine Rücksicht auf die verschiedenen Kasten (gesellschaftliche Schichten) genommen wird, sondern dass alle Hindus fröhlich und ausgelassen miteinander feiern.
In vielen Gegenden wird beim Holi-Fest daran erinnert, dass der Gott Krishna einst den Winterdämon Holika besiegt hat. So wird am ersten Tag des Festes ein Feuer entzündet und darin die Holika, eine Figur aus Stroh, verbrannt. Die Menschen tanzen um das Feuer und singen.

„**Makar Sankranti**" ist ein hinduistisches Erntefest, das in verschiedenen Gegenden auf sehr unterschiedliche Weise gefeiert wird. Das Erntefest dauert vier Tage und bezieht sich auf die Sankranti, die Sonnenwende. Diese ist ein Tag des Glücks, an dem Frauen Süßigkeiten aus dem Zucker des frisch geernteten Zuckerrohres herstellen. Diese werden an Nachbarn und Freunde verschenkt. In einigen Gegenden lassen die Kinder an Makar Sankranti Drachen steigen und es finden Drachenwettbewerbe statt.

II. Feste des Hinduismus

Aufgabe 1: Stelle mit den folgenden Stichwörtern einen kleinen Informationstext zum Diwali-Fest zusammmen.

EA

> Lichterfest – Öllampen – Knallfrösche – Seele der Verstorbenen – Sieg des Guten

Aufgabe 2: Ordnet die folgenden Stichworte dem richtigen Fest zu. Erklärt euch dann gegenseitig mithilfe der Stichpunkte, worum es bei einem der beiden Feste geht.

PA

Drachen — Sieg des Guten — Süßigkeiten — Erntedankfest — Fest der Farben — keine Rücksicht auf Kasten — Winterdämon Holika — Sonnenwende — Tanz um das Feuer

Holi	Makar Sankranti

Seite 23

II. Feste des Hinduismus

Persönliche Feste

Geburt
Nach der Geburt eines Kindes darf die Mutter in den ersten sechs Tagen nur von Frauen besucht werden. Nach dieser Zeit bekommen die Mutter und das Kind einen gelben Punkt auf die Stirn. Diesen Punkt erhalten sie von einer Frau, die in Zukunft wie eine Patentante für das geborene Kind sein wird. Für die Hindus ist es sehr wichtig, den genauen Zeitpunkt der Geburt festzuhalten, damit für das Kind ein Horoskop erstellt werden kann. Dieses Horoskop wird für das Neugeborene wichtig, wenn es erwachsen ist und heiraten möchte.

Namensgebung
Elf Tage nach seiner Geburt erhält das Kind seinen Namen. Dabei wählen die Eltern oft Namen von Gottheiten oder Helden aus, da diese Glück bringen sollen.

Hochzeit
Die hinduistische Hochzeit ist ein großes Fest und dauert meist mehrere Tage. Sie wird von der Familie der Braut ausgerichtet. Zu Beginn der Hochzeit legt der Brautvater die Hände des Brautpaares über einem Krug zusammen und umwickelt sie mit einer Blütengirlande und einem roten Tuch. Dann segnet er die Hände mit Wasser aus dem heiligen Fluss Ganges.
Als Höhepunkt der Hochzeit geht das Brautpaar siebenmal um ein heiliges Feuer, wobei sie durch Tücher miteinander verknüpft sind. Anschließend tupft der Bräutigam seiner Frau mit geweihter roter Farbe einen Punkt auf die Stirn. Dies ist das wichtigste Zeichen für eine verheiratete hinduistische Frau.
Bei der hinduistischen Hochzeit ist das Horoskop von Braut und Bräutigam besonders wichtig. Die Hindus glauben, dass es in jedem Leben Phasen des Glücks und des Unglücks gibt. Diese dürfen sich bei Braut und Bräutigam nicht überschneiden, damit große Krisen vermieden werden.

Tod und Beerdigung
Der Tod bedeutet im Hinduismus die Wiederkehr in den Kreislauf der Wiedergeburt. Der Körper des Verstorbenen wird gewaschen und in einer Prozession an eine Verbrennungsstätte getragen. Während der Verbrennung des Leichnams werden mehrere Totengebete gesprochen. Anschließend wird die Asche des Verstorbenen in einen heiligen Fluss gestreut oder im Boden begraben. Zum Gedenken an den Toten lässt die Familie Kerzen auf einem Fluss schwimmen.

Die Übergabe der „Heiligen Schnur"
Im Alter von acht bis sechzehn Jahren bekommt ein hinduistischer Junge die „Heilige Schnur" überreicht. Diese Schnur besteht aus einem roten, gelben und weißen Faden und symbolisiert die Verbundenheit des Jungen mit einem Guru (Lehrer). Dieser wird ihn nun in den Heiligen Schriften unterrichten. Der Junge darf jetzt die täglichen Gebetsübungen ausführen. Zur Übergabe der „Heiligen Schnur" wird ein Fest gefeiert und der Junge erhält von seiner Familie Geschenke.

II. Feste des Hinduismus

Aufgabe 3: *Verbinde die zusammengehörenden Satzteile.*

EA

A – Das Horoskop gewinnt für das Neugeborene	1 – unterrichtet den Jungen in den Heiligen Schriften.
B – Der Höhepunkt einer hinduistischen Hochzeit ist,	2 – lassen die Angehörigen Kerzen auf einem Fluss schwimmen.
C – Phasen des Glücks	3 – im Erwachsenenalter an Bedeutung, wenn es heiraten möchte.
D – Der Guru	4 – erhält elf Tage nach der Geburt seinen Namen.
E – Zum Andenken an die Verstorbenen	5 – wenn das Brautpaar ein heiliges Feuer siebenmal umkreist.
F – Das Baby	6 – und Unglücks sollten sich bei Braut und Bräutigam nicht überschneiden, um große Krisen zu vermeiden.

Aufgabe 4: *Erkläre, warum es eigentlich gut ist, wenn die Hindus sagen, ein Paar dürfe nicht gleichzeitig eine „schlechte" Phase durchleben.*

EA

_____
_____
_____
_____
_____

Seite 25

II. Feste des Hinduismus

Aufgabe 5: Löse das Kreuzworträtsel!
Die Buchstaben in den grauen Kästchen ergeben, in die richtige Reihenfolge gebracht, ein Lösungswort.

1. Von wem dürfen Mütter die ersten Tage nach der Geburt ihres Kindes nur besucht werden?
2. Am ... Tag nach seiner Geburt erhält das Kind seinen Namen.
3. Die Heilige Schnur steht für die ... eines Jungen mit seinem Guru.
4. Oft wählen Eltern für ihre Kinder den Namen eines ..., denn das soll den Kindern Glück bringen.
5. Die hinduistische Hochzeit wird von der Familie der ... ausgerichtet.
6. Die ... der Braut und des Bräutigams sind für die hinduistische Hochzeit von besonderer Bedeutung. Phasen des Unglücks des Paares sollten sich nicht überschneiden.
7. Nach dem Tod kehrt die Seele in den ewigen Kreislauf ... zurück.
8. Die Leichname werden ... . Während dieses Vorgangs sprechen die Angehörigen mehrere Totengebete.
9. Die ... des Verstorbenen wird vergraben oder in einen Fluss gestreut.

Wer malt der Mutter und dem Kind nach der Geburt den gelben Punkt auf?

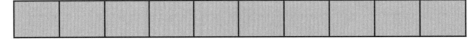

II. Feste des Hinduismus

EA

Aufgabe 6: Stell dir vor, du bist in einem Land zu Besuch, in dem der Hinduismus weit verbreitet ist.
Deine Bekannten laden dich zu einer hinduistischen Hochzeit ein und du nimmst begeistert an.
Nach der Hochzeit möchtest du einen Brief schreiben, um deinen Eltern von diesem besonderen Ereignis zu erzählen.
Recherchiere wenn nötig im Internet nach weiteren Informationen.
Schreibe den Brief weiter.

Liebe Mama, lieber Papa,
ihr könnt euch nicht vorstellen, was ich gestern auf der Hochzeit meiner Freunde erlebt habe!

III. Bräuche, Riten und Symbole

Den Glauben im Tempel leben

Der Tempel ist für die Hindus ein besonders wichtiges Bauwerk. Daher bauen sie in Städten und Dörfern, auf Bergen und in Wäldern kleine Hütten oder riesige Tempelanlagen für ihre Gottheiten. Im Mittelpunkt des Tempels befindet sich die Figur der Gottheit, die verehrt wird.

Im Tempel finden im Gegensatz zur Kirche im Christentum oder zur Moschee im Islam keine gemeinsamen Gottesdienste oder Gebetsstunden statt. Die Hindus kommen nicht zu festen Zeiten in den Tempel, sondern dann, wenn sie die Hilfe und den Segen eines Gottes brauchen. Dazu opfern sie ihrer Gottheit Blumen oder Reis und zünden Räucherstäbchen an. Hierfür findet sich in jedem Tempel eine besondere Stelle. Zudem gibt es ein Wasserbecken, damit sich die Gläubigen vor dem Gebet reinigen können.

Vor dem Besuch eines Tempels ziehen die Gläubigen ihre Schuhe aus, damit dieser nicht verunreinigt und dadurch entweiht wird. Die Priester des Tempels, die sogenannten „Brahmanen", üben die religiösen Rituale aus. Sie halten die täglichen „Pujas" (Gebete), bereiten Opfergaben vor, schmücken die Schreine der Götter und lesen aus den heiligen Schriften vor. Beim Eintritt in den Tempel tupfen sie jedem Gläubigen einen roten Punkt auf die Stirn.

Aufgabe 1: *Kreuze nur die richtigen Aussagen an. Die Silben hinter den angekreuzten Aussagen ergeben, in die richtige Reihenfolge gebracht, ein Lösungswort.*

a)	☐	Die täglichen Gebete der Hindus werden „Pujas" genannt.	**stäb**
b)	☐	Hindus betreten den Tempel immer mit Schuhen.	**sta**
c)	☐	Beim Verlassen des Tempels tupfen die Brahmanen den Gläubigen einen roten Punkt auf die Stirn.	**gro**
d)	☐	Das Wasserbecken dient den Gläubigen dazu sich zu reinigen.	**cher**
e)	☐	Hindus opfern ihren Gottheiten hohe Geldbeträge.	**ein**
f)	☐	Gemeinsame Gottesdienste sind im Hinduismus ein festes Ritual.	**dan**
g)	☐	Die Figuren der Gottheiten stehen im Mittelpunkt des Tempels.	**Räu**
h)	☐	Die Priester des Tempels werden Brahmanen genannt.	**chen**
g)	☐	Die Hindus üben eigenverantwortlich die religiösen Rituale aus.	**kein**

Lösungswort: _____

III. Bräuche, Riten und Symbole

Aufgabe 2: Betrachtet aufmerksam die beiden Bilder. Das eine Bild zeigt einen hinduistischen Tempel, das andere eine katholische Kirche.
Tragt dann Gemeinsamkeiten und Unterschiede in Bezug auf die Bauweise und die praktizierten Rituale in die Tabelle ein.

PA

	Hinduistischer Tempel	Christliche Kirche
Gemeinsamkeiten Bauweise		
Unterschiede Bauweise		
Gemeinsamkeiten Rituale		
Unterschiede Rituale		

III. Bräuche, Riten und Symbole

Die Gebete

Die Gebete der Hindus heißen „Pujas". Diese können in einem Tempel oder im eigenen Haus stattfinden. Hierfür steht in fast jedem hinduistischen Haus ein kleiner Altar mit einer Götterfigur. Reiche Hindus haben für ihren Altar einen eigenen Andachtsraum, arme Hindus dagegen nur eine kleine Ecke in einem Zimmer. Der Altar ist oft mit einem Gefäß mit Weihrauch, Kerzenleuchtern und Blumen geschmückt. Vor dem Altar spricht die Familie am Morgen die „Pujas". Anschließend liest der Vater aus den heiligen Schriften vor und es werden Opfergaben wie Süßigkeiten, Speisen und Blumen dargebracht. Manchmal verbringt die Familie auch einige Zeit schweigend vor dem Altar.

Aufgabe 3: *Erstelle mithilfe der Bilder einen Informationstext zum Andachtsraum der Hindus und zum Ablauf des Gebets. Verwende dabei deine eigenen Worte.*

EA

III. Bräuche, Riten und Symbole

Die „Zehn Lebensregeln" des Hinduismus

Das höchste Ziel der Hindus ist es, den Kreislauf von Leben und Tod zu verlassen und zur „Erlösung" zu gelangen. Hierfür benötigen sie ein gutes „Karma", das nach Glauben der Hindus durch ein gutes Leben erreicht werden kann. Um zu einem guten Leben zu gelangen, richten viele Gläubige ihr Leben nach einer Sammlung bestimmter Verhaltensregeln, dem so genannten „Dharma". Das Dharma beschreibt die Pflichten der Hindus gegenüber ihren Mitmenschen.

Dabei sind die „Zehn Lebensregeln" von besonderer Bedeutung:

⊙ Zehn Lebensregeln ⊙

1. Sich rein halten
2. Zufrieden sein
3. Freundlich und geduldig sein
4. Sich bilden
5. Sich ganz nach den Göttern richten
6. Nicht zerstören und verletzen
7. Nicht lügen
8. Nicht stehlen
9. Andere nicht beneiden
10. Nicht unbeherrscht und gierig sein

Aufgabe 4: *Viele dieser 10 Lebensregeln finden sich in den Gesetzen der unterschiedlichsten Länder und Kulturen wieder. Begründe, welche du für sinnvoll hältst, um sie ins Gesetz aufzunehmen.*

EA

III. Bräuche, Riten und Symbole

Aufgabe 5: Suche dir eine Regel aus den „Zehn Lebensregeln" aus, die du besonders gut findest. Erkläre, warum du dich dafür entschieden hast.

EA

Aufgabe 6: Schreibt die „Zehn Gebote" der Bibel auf. Wenn ihr euch nicht mehr an alle Gebote erinnert, könnt ihr sie auch in der Bibel nachschlagen oder im Internet recherchieren.
Diskutiert dann über Gemeinsamkeiten und Unterschiede der zehn Gebote und der zehn hinduistischen Lebensregeln.

GA

1. _____
2. _____
3. _____
4. _____
5. _____
6. _____
7. _____
8. _____
9. _____
10. _____

III. Bräuche, Riten und Symbole

Pilgerreise zum Ganges

Jeder Hindu sollte mindestens einmal in seinem Leben zum heiligen Fluss Ganges pilgern. Die Hindus glauben, dass das Wasser des Ganges die Menschen von ihren Sünden reinigt. An den Ufern des Ganges liegen zahlreiche Orte mit religiöser Bedeutung. In der Stadt Allahabad versammeln sich zum Beispiel alle zwölf Jahre hunderttausende hinduistische Pilger, die bei einem Badefest ihre Sünden abwaschen wollen. Der heiligste Ort des Hinduismus ist jedoch die Stadt Varanasi. In dieser Stadt gibt es am Ufer des Ganges viele große Steintreppen, an denen die Gläubigen im heiligen Wasser baden und die Leichen ihrer Verstorbenen verbrennen. Der größte Wunsch eines Hindus ist es, in Varanasi zu sterben und verbrannt zu werden. Sie glauben, dass sie dadurch weniger Wiedergeburten durchlaufen müssen, um zur Erlösung zu gelangen.

Aufgabe 7: *Erkläre die folgenden Begriffe in deinen eigenen Worten.*

EA

Allahabad: _____

_____

_____

_____

_____

Varanasi: _____

_____

_____

_____

_____

_____

Ganges: _____

_____

_____

_____

III. Bräuche, Riten und Symbole

Aufgabe 8: Stellt mit folgenden Stichworten einen kleinen Informationstext über die Pilgerreise zum Ganges zusammen.

PA

> Ganges – Sünden – Leichen – Badefest – Wiedergeburten

_____
_____
_____
_____
_____
_____
_____
_____

Aufgabe 9: Versetze dich in die Denkweise eines gläubigen Hindus hinein und gib mit deinen eigenen Worten wieder, welchen Stellenwert die Pilgerreise zum Ganges für dich hat.

EA

III. Bräuche, Riten und Symbole

Die Verehrung der Kuh

Die Kuh wird von den Hindus verehrt, weil sie für das tägliche Leben von großer Bedeutung ist. Sie gibt den Menschen Milch und Butter zum Essen und ist als Nutztier für die Landwirtschaft unentbehrlich. Für einige Hindus ist die Kuh sogar heilig, da der hinduistische Gott Krishna lange Zeit als Hirtenjunge mit einer Kuhherde lebte.

Kühe dürfen daher nicht geschlachtet werden und können sich überall frei bewegen. Dabei ist es auch normal, dass die Kühe ihre Nahrung im Müll finden und so zur Säuberung der Straßen beitragen. Im Straßenverkehr haben sie sogar Vorrang. Wenn ein Hindu eine Kuh tötet, wird er mit einem schlechten Karma bestraft. Dies ist einer der Gründe, warum Hindus kein Rindfleisch essen und viele sogar Vegetarier sind.

Manchmal werden Feiern zu Ehren der Kuh veranstaltet. Die schönste Kuh wird zu einem geschmückten Altar gebracht. Auf die Stirn und das Hinterteil der Kuh wird rotes Pulver gestreut.

Aufgabe 10: Kreuze an, welche Aussagen richtig (**R**) oder falsch (**F**) sind.

R F

a) ☐ ☐ Kühe sind für die Hindus heilige Tiere.

b) ☐ ☐ Da Kühe so kostbar sind, werden sie nicht in der Landwirtschaft eingesetzt.

c) ☐ ☐ Kühe dürfen geschlachtet werden.

d) ☐ ☐ Krishna hütete in Gestalt eines Hirtenjungen eine Kuhherde.

e) ☐ ☐ Kühe dürfen sich frei bewegen. Sie wühlen oft im Müll nach Nahrung und säubern so die Straßen.

f) ☐ ☐ Das Töten einer Kuh hat, nach Auffassung der Hindus, keine Auswirkung auf das Karma.

g) ☐ ☐ Viele Hindus sind Vegetarier.

III. Bräuche, Riten und Symbole

Aufgabe 11: *Findet heraus, warum die Kuh im Hinduismus als heiliges Tier gilt und notiert eure Ergebnisse.*

_____
_____
_____
_____
_____

Aufgabe 12: *Recherchiert gemeinsam im Internet, ob ihr weitere Tiere findet, die im Hinduismus verehrt werden. Erstellt dazu von jedem Tier einen Steckbrief, den ihr dann vor der Klasse präsentiert.*

– Bild –

Name: _____

Warum wird dieses Tier verehrt?
_____
_____
_____
_____

Wie wird es verehrt? _____
_____
_____
_____
_____
_____
_____

III. Bräuche, Riten und Symbole

Symbole des Hinduismus

Das „OM-Zeichen"
Die heilige Silbe „OM" (sprich: a-u-m) bedeutet so viel wie „Alles". Die drei Laute stehen für die drei Lebensabschnitte des Menschen: Geburt, Leben und Tod. Hindus sprechen die heilige Silbe während des Gebetes oder der Meditation. Dabei wird sie sprechend, flüsternd, singend oder summend immer wieder wiederholt. Durch das wiederholende Sprechen gelangt der Betende zu einer hohen Konzentration. Die Hindus glauben sogar, dass dabei spirituelle Energien freigesetzt werden können.
In den indischen Schriften wird die Silbe „OM" durch ein bestimmtes Zeichen dargestellt. Dieses OM-Zeichen wird oft als Symbol des Hinduismus wahrgenommen.

Das „Bindi"
Das Bindi ist ein zwischen den Augenbrauen aufgemalter Punkt oder ein an dieser Stelle aufgeklebter Schmuckstein. Der Tradition nach ist ein rotes Bindi das Zeichen einer verheirateten Frau. Heute werden Bindis jedoch auch von unverheirateten Frauen und sogar Kindern getragen. Sie verwenden es als Schmuckstück oder Glücksbringer. Die Stelle zwischen den Augenbrauen hat eine wichtige Bedeutung. Die Hindus glauben, dass an dieser Stelle ein unsichtbares drittes Auge sitzt. Dies stellt für viele Gläubige den direkten Weg zum Herzen eines Menschen dar. Sogar hinduistische Männer tragen manchmal ein Bindi. Sie bekommen es beim Besuch eines Tempels von den Priestern auf die Stirn gemalt.

Aufgabe 13: *Versuche das unten abgebildete OM-Zeichen nachzuzeichnen.*

Aufgabe 14: *Formuliert in euren eigenen Worten, was ein Bindi ist und welche Bedeutung es hat.*

III. Bräuche, Riten und Symbole

Aufgabe 15: Beantworte die folgenden Fragen mit deinen eigenen Worten.

EA

a) Wofür stehen die drei Laute der heiligen Silbe „OM"?

b) Wann wird die heilige Silbe verwendet?

c) Was soll durch die Wiederholung der heiligen Silbe erreicht werden?

d) Wie kann das Bindi aussehen?

e) Wer trug ursprünglich ein Bindi und wie ist es heute?

f) An welcher Stelle befindet sich das Bindi?

g) Was erhalten hinduistische Männer beim Betreten des Tempels?

III. Bräuche, Riten und Symbole

Mahatma Gandhi

Indien war zur Zeit Mahatma Gandhis (1869-1948) eine britische Kolonie und wurde von Großbritannien beherrscht. Mahatma Gandhi und viele Inder wünschten sich jedoch die Unabhängigkeit Indiens. So rief Gandhi seine Landsleute zum Widerstand auf. Diesen Widerstand führte er ganz ohne Gewalt durch! Die Inder führten beispielsweise Anordnungen der Briten nicht aus und arbeiteten nicht mehr in der britischen Verwaltung mit.

Der Widerstand dauerte viele Jahrzehnte. Während dieser Zeit saß Gandhi mehrmals im Gefängnis. Sobald er jedoch wieder in Freiheit war, kämpfte er weiter für Frieden und Unabhängigkeit. Manchmal hungerte er dafür wochenlang.

Mahatma Gandhi

Durch den gemeinsamen Widerstand aller Hindus lehnte Gandhi das Kastensystem immer mehr ab. Seiner Meinung nach hatten auch die unteren Kasten das Recht auf ein Leben ohne Armut und Hunger. Dadurch machte er sich bei den Hindus, die fest an das Kastensystem glaubten, viele Feinde.

1947 ging Mahatma Gandhis größter Wunsch in Erfüllung: Indien wurde unabhängig. Nur ein Jahr später wurde Gandhi in seinem Garten von einem seiner Gegner erschossen.

Aufgabe 16: *Erläutere in deinen eigenen Worten zu welchen Maßnahmen Mahatma Gandhi griff, um seine Vorstellungen durchzusetzen.*

EA

III. Bräuche, Riten und Symbole

Aufgabe 17: Füllt diesen Steckbrief zu Mahatma Gandhi vollständig aus. Recherchiert wenn nötig im Internet.

PA

– Bild –

Name: _____

geboren am: _____

geboren in: _____

gestorben am: _____

Todesursache: _____

_____

Beruf: _____

Dafür wurde er bekannt: _____

_____

_____

_____

_____

Einige wichtige Stationen in seinem Leben: _____

_____

_____

_____

_____

_____

_____

Seite 40

III. Bräuche, Riten und Symbole

Aufgabe 18: Löse das Kreuzworträtsel, indem du die Aufgaben beantwortest und die Begriffe in die Kästchen einträgst. Die Buchstaben in den grauen Kästchen ergeben, in die richtige Reihenfolge gebracht, ein Lösungswort.

1. Zur Zeit Mahatma Gandhis war ... eine britische Kolonie.
2. Viele Inder wünschten sich verzweifelt die ... .
3. Das Besondere an Gandhis Art des Widerstandes war, dass er niemals ... verwendete.
4. So verweigerten seine Anhänger beispielsweise ... der Briten auszuführen.
5. Gandhi wurde wegen seines Widerstandes mehrmals ins ... gesteckt.
6. Besonders lehnte Gandhi das hinduistische ... ab.
7. Um seine Ziele zu verfolgen ... , Gandhi manchmal monatelang.
8. 1947 ging Gandhis größter Wunsch in Erfüllung, Indien wurde ... .
9. Gandhi wurde von einem seiner Gegner in seinem Garten ... .

Ä = AE

Lösungswort:

Aufgabe 19: Erarbeitet in Gruppen einen Abschnitt aus dem Leben Gandhis (Kindheit, Jugend, Studium, Zeit in Indien) und stellt dazu ein Referat zusammen, das ihr in eurer Klasse vortragt.

IV. Abschlusstest

 Mit diesem Abschlusstest kannst du nun prüfen, wie gut du dir das erlernte Wissen zum Hinduismus eingeprägt hast.
Löse die folgenden Aufgaben in vollständigen Sätzen.

1) Welche zwei Symbole bringt man mit dem Hinduismus in Verbindung und was bedeuten sie?

2) Wann suchen Hindus die Tempel auf und was für Opfergaben bringen sie ihren Gottheiten dar?

3) Was sind Avataras und welcher ist besonders bekannt?

4) Wie viele Anhänger zählt der Hinduismus in etwa und in welchen Ländern ist er stark verbreitet?

5) Warum ist die Pilgerreise zum Ganges für die Hindus so wichtig?

6) Wie heißen die Heiligen Schriften der Hindus und was enthalten sie?

IV. Abschlusstest

7) Zähle die vier Kasten im Hinduismus von unten nach oben auf und nenne zwei Beispiele für Mitglieder der jeweiligen Kaste!

_____

_____

_____

8) Wie feiern die Hindus das Holi-Fest?

_____

_____

_____

9) Wie kann man gemäß dem Glauben der Hindus in eine höhere Kaste aufsteigen?

_____

_____

10) Was war Mahatma Gandhis wichtigster Grundsatz?

_____

_____

_____

11) Worin unterscheiden sich die verschiedenen hinduistischen Glaubensrichtungen?

_____

_____

12) Welche ist die wichtigste Gottheit der Hindus und wofür steht sie?

_____

Lösungen

Allgemeine Informationen

Aufgabe 1: Individuelle Lösung.

Aufgabe 2:

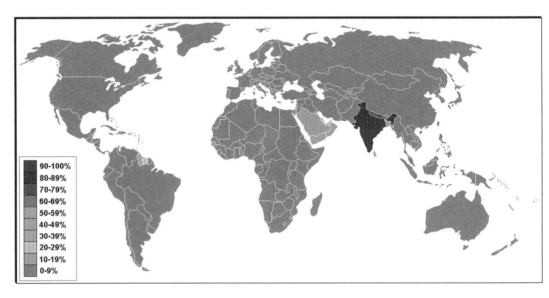

Land	Kontinent
- Indien	Asien
- Nepal	Asien
- Bangladesch	Asien
- Sri Lanka	Asien
- Bali	Insel im Indischen Ozean
- Guyana	Südamerika
- Mauritius	Inselstaat im Indischen Ozean
- Südafrika	Afrika
- Fidschi	Inselstaat im Südpazifik
- Singapur	Inselstaat in Südostasien
- Malaysia	Südostasien
- Suriname	Südamerika
- Trinidad und Tobago	Karibischer Inselstaat
- Großbritannien	Europa

Aufgabe 3: **Hindu:** Als Hindus werden Menschen bezeichnet, die dem Hinduismus angehören, bzw. in eine Hindu-Familie hineingeboren wurden.
Guru: Hinduistische Lehrer werden als Gurus bezeichnet und genießen einen hohen Stellenwert.
Veden: Die ältesten hinduistischen Schriften werden als Veden bezeichnet.

I. Geschichte – Hintergründe – Glauben

Aufgabe 1: A – 2, B – 1, C – 4, D – 5, E – 3

Aufgabe 2:
a) Die wichtigste Gottheit wird Brahma genannt und ist eine göttliche Kraft, die alles lebendig macht.
b) Nein, die Hindus dürfen selbst bestimmen, welche Götter sie verehren wollen.
c) Avataras sind Gottheiten in Gestalt eines Menschen oder eines Tieres.
d) Der Gott Shiva ist der Gott der Gegensätze. Seine Aufgabe ist es, Altes zu zerstören, damit Neues entstehen kann.

Lösungen

I. Geschichte – Hintergründe – Glauben

Aufgabe 3: 1. Brahma; 2. Vishnu; 3. Shakti; 4. Shivas; 5. Avataras; 6. Gegensaetze; <u>Lösungswort</u>: **Krishna**

Aufgabe 4:
- <u>oben</u>: Name: **Krishna**
  Aufgabe: Krishna gilt als die achte Inkarnation des Gottes Vishnu. Der blauhäutige Hirtengott, der auf seiner Flöte spielt, ist eine der bekanntesten Verkörperungen.
- <u>Mitte</u>: Name: **Ganesha**
  Aufgabe: Ganesha ist einer der beliebtesten Götter. Er ist der Sohn Shivas und Parvatis und gilt als Bote des Glücks und als Vertreiber von Hindernissen und Unglück. Zudem gilt er als sehr weise.
- <u>unten</u>: Name: **Saraswati**
  Aufgabe: Saraswati ist die Göttin der Weisheit und des Lernens. Sie heiratet Brahma, den Schöpfergott und wird so zur Mutter der Schöpfung.

Aufgabe 5:
- **Der Katzenweg:** Anhänger des Katzenweges warten auf ihre Erlösung, ohne dafür aktiv etwas zu tun, ebenso wie die hilflosen Kätzchen von ihrer Mutter getragen werden.
- **Der Affenweg:** Anhänger dieses Weges sind der Ansicht, dass sie aktiv zu ihrer Erlösung beitragen müssen, ebenso wie sich neugeborene Affenbabys im Fell ihrer Mutter festkrallen müssen, um nicht herunterzufallen.

Aufgabe 6: Individuelle Lösung.

Aufgabe 7: <u>Richtige Aussagen</u>: a, d, f

Aufgabe 8: Individuelle Lösungen.

Aufgabe 9: Individuelle Lösungen.

Aufgabe 10:
- **Parias:** Unter den Kasten stehen die Parias, die auch als Unberührbare bezeichnet werden. Sie haben noch weniger Rechte als Diener und genießen keinerlei Ansehen.
- **Kastensystem:** Als Kastensystem bezeichnet man die viergliedrige Unterteilung der Gesellschaft im Hinduismus.
- **Kshatriyas:** Die zweite Kaste ist die Kshatriyas, zu der mächtige Bürger gehören, die das Volk beschützen und das Land verteidigen.

Aufgabe 11:
- Kaste 1: „Brahmanen" z. B. Politiker, Priester, Gelehrte
- Kaste 2: „Kshatriyas" z. B. Krieger, Adlige, Beamte
- Kaste 3: „Vaishyas" z. B. reiche Bauern, Handwerker, Händler
- Kaste 4: „Shudras" z. B. arme Bauern, Knechte, Diener
- darunter: „Parias", auch Unberührbare genannt; unterste Sozialschicht

Aufgabe 12:
- **Brahmanen:** Mitglieder der Kaste der Brahmanen sind Menschen des Denkens und Wissens, die für die Bildung zuständig sind, Rituale und die heilige Schrift kennen und verbreiten.
- **Kshatriyas:** Die Aufgabe der Bürger dieser Kaste ist es, das Volk zu beschützen und das Land zu verteidigen.
- **Vaishyas:** Zu dieser Kaste zählen Bauern, Handwerker und Geschäftsleute, deren Aufgabe es ist, die Gesellschaft zu versorgen.
- **Shudras:** Die Menschen dieser Kaste sind Knechte, Diener oder arme Bauern, die ihren Herren dienen, das Land bestellen und den Haushalt betreiben.

Aufgabe 13: In eine höhere Kaste kann man nach dem Glauben der Hindus nur aufsteigen, wenn man in diesem Leben gutes Karma ansammelt. So kann man im darauffolgenden Leben in eine höhere Kaste wiedergeboren werden.

Aufgabe 14: a: richtig; b: richtig; c: falsch; d: falsch; e: richtig; f: falsch; g: richtig

Aufgabe 15: Beispiele:
- **Taten für gutes Karma:** sein Essen mit armen Menschen teilen; anderen Menschen helfen
- **Taten für schlechtes Karma:** andere Menschen belügen; Tiere absichtlich töten

Lösungen

II. Feste des Hinduismus

Aufgabe 1: Siehe Infotext zum Diwali-Fest.

Aufgabe 2: **Holi:** Winterdämon Holika, Sieg des Guten, Fest der Farben, Tanz um das Feuer, keine Rücksicht auf Kasten
Makar Sankranti: Drachen, Erntedankfest, Süßigkeiten, Sonnenwende

Aufgabe 3: A – 3, B – 5, C – 6, D – 1, E – 2, F – 4

Aufgabe 4: Jedes Paar hat sicher auch mal nicht so gute Zeiten. Wenn aber der einzelne Mensch in seiner persönlichen „schweren" Zeit einen Partner hat, dem er vertrauen kann und auf den man sich stützen kann, werden diese „schlechten" Phasen schneller überwunden. Haben beide gleichzeitig eine „schlechte" Phase, kann man sich nicht gegenseitig immer wieder aus dem Tief herausholen!

Aufgabe 5: 1. Frauen; 2. elften; 3. Verbundenheit; 4. Helden; 5. Braut; 6. Horoskope; 7. Samsara; 8. Verbrannt, 9. Asche;   <u>Lösungswort</u>: **Patentante**

III. Bräuche, Riten und Symbole

Aufgabe 1: Richtig: a, d, g, h;   <u>Lösungswort</u>: **Räucherstäbchen**

Aufgabe 2:

	Hinduistischer Tempel	Christliche Kirche
Gemeinsamkeiten Bauweise	Zentraler Platz, um Tempel zu errichten, da wichtiges Bauwerk	Zentraler Platz, um Kirche zu errichten, da wichtiges Bauwerk
Unterschiede Bauweise	• sehr bunte Bauweise • viele menschliche Abbildungen an der Außenseite des Tempels • keine Fenster	• oft eher einfarbige Bauten • sehr aufwändig gestaltete Fenster (Rosetten)
Gemeinsamkeiten Rituale	Brahmanen üben religiöse Rituale aus.	Pfarrer üben religiöse Rituale aus.
Unterschiede Rituale	• Roter Punkt auf der Stirn • Geschenke als Opfergaben • Ausziehen der Schuhe • keine gemeinsamen Gottesdienste	• Geldspenden • Weihwasser (kath.) • gemeinsame Gottesdienste

Aufgabe 3: Individuelle Lösung.

Aufgabe 4: Individuelle Lösung.

Aufgabe 5: Individuelle Lösung.

Aufgabe 6: Die 10 Gebote:
1. Du sollst keine anderen Götter neben mir haben.
2. Du sollst den Namen des Herrn, deines Gottes, nicht missbrauchen.
3. Du sollst den Feiertag heiligen.
4. Du sollst deinen Vater und deine Mutter ehren.
5. Du sollst nicht töten.
6. Du sollst nicht ehebrechen.
7. Du sollst nicht stehlen.
8. Du sollst nicht falsch Zeugnis reden wider deinen Nächsten.
9. Du sollst nicht begehren deines Nächsten Hab und Gut.
10. Du sollst nicht begehren deines Nächsten Frau.

Aufgabe 7: **Allahabad** ist für Hindus eine bedeutende Stadt, denn alle zwölf Jahre pilgern hunderttausende Hindus in diese Stadt, um bei einem traditionellen Badefest ihre Sünden rein zu waschen.
Varanasi ist der wohl heiligste Ort der Hindus. Zahlreiche große Steintreppen befinden sich entlang des Ganges und ermöglichen es den Hindus, bequem ins Heilige Wasser zu gelangen, um darin zu baden und die Leichen zu verbrennen. Der größte Wunsch eines jeden Hindus ist es, in Varanasi verbrannt zu werden.
Der **Ganges** ist der heilige Fluss der Hindus, zu dem jeder Hindu mindestens einmal in seinem Leben pilgern sollte.

Aufgabe 8: Individuelle Lösung in Anlehnung an den Informationstext

Lösungen

Aufgabe 9: Individuelle Lösung.

Aufgabe 10: a: richtig, b: falsch, c: falsch, d: richtig, e: richtig, f: falsch, g: richtig

III. Bräuche, Riten und Symbole

Aufgabe 11: Der hinduistische Gott Krishna lebte lange Zeit in Gestalt eines Hirtenjungen in der Natur und wachte über seine Kuhherde. Hinzu kommt, dass die Kuh für das alltägliche Leben der Hindus einen großen Stellenwert hat, das sie zuverlässig Milch liefert, die weiter verarbeitet werden kann.

Aufgabe 12: Weitere Tiere, die im Hinduismus verehrt werden:
– **der Elefant** in Anlehnung an den Avatara Ganesha, der von den Hindus sehr verehrt wird; Elefanten haben auch Vorrang im Straßenverkehr
– **der Affe**; sie haben einen „direkten Verwandten", den Affen Hanuman; sie leben oft in Tempeln und ernähren sich von den Opfergaben;
– **die Schlange** (Königskobra) ist heilig durch die Tradition des Tantra und Yoga; das höchste Ziel ist es, die Schlangenkraft im Menschen zu erwecken;
– **der Pfau** gilt als Symbol von Macht und Schönheit und ist das Reittier vieler Götter (Sarasvati, Indra …)
– **die Ratte** ist das Reittier des beliebten Gottes Ganesha und wird wegen ihrer Intelligenz verehrt; in Nordindien gibt es einen Tempel (Karni-Mata-Tempel), in dem Ratten ein Leben in Hülle und Fülle führen können.

Aufgabe 13: Individuelle Lösung.

Aufgabe 14: Das Bindi ist ein roter Punkt oder ein aufgeklebter Schmuckstein, der sich zwischen den beiden Augenbrauen, auf Höhe des dritten Auges befindet. Früher trugen nur verheiratete Frauen dieses Symbol, dies hat sich jedoch im Laufe der Zeit gewandelt, sodass es heute auch Kinder und Männer tragen können.

Aufgabe 15:
a) Die drei Laute stehen für die Geburt, das Leben und den Tod.
b) Die heilige Silbe wird beim Beten oder der Meditation verwendet.
c) Durch das ständige Wiederholen der Silbe soll ein Zustand höchster Konzentration erreicht werden.
d) Das Bindi kann ein roter Punkt sein, der mit roter Farbe zwischen den zwei Augenbrauen aufgemalt wird oder es ist ein aufgeklebter Schmuckstein.
e) Ursprünglich trugen nur verheiratete Frauen das Bindi. Heute tragen es auch Kinder, manchmal sogar Männer, als Glücksbringer oder Schmuckstück.
f) Das Bindi befindet sich zwischen den beiden Augenbrauen, an der Stelle, an der das dritte Auge sitzen würde.
g) Beim Betreten des Tempels bekommen gläubige hinduistische Männer vom Brahmanen einen roten Punkt aufgemalt.

Aufgabe 16: Der wichtigste Grundsatz für Gandhi war es, stets ohne Gewalt auszukommen und seine Visionen friedlich durchzusetzen. Sein Widerstand gegen Großbritannien dauerte viele Jahre an. Um seine Ziele zu erreichen verweigerten seine Anhänger es, Anordnungen der Briten auszuführen. Gandhi selbst hungerte oft monatelang.

Aufgabe 17:
Name: Mohandas Karamchand Gandhi (genannt Mahatma Gandhi)
geboren am: 02.10.1869
geboren in: Porbandar
gestorben am: 30.01.1948
Todesursache: Attentat (erschossen) durch einen seiner Gegner
Beruf: indischer Rechtsanwalt, Publizist
Dafür wurde er bekannt:
für seine Unabhängigkeitsbewegung, seinen gewaltfreien Widerstand, seinen zivilen Ungehorsam und sein Fasten, bis fast zum Tode
Einige wichtige Stationen in seinem Leben:
Sein Studium in London, Arbeit als Anwalt und zunehmende Verantwortung für seine Familie, Ghandis Besuch in Südafrika und erste Berührungen mit der Rassendiskriminierung, Widerstand gegen das Meldegesetz

Aufgabe 18: 1. Indien; 2. Unabhängigkeit; 3. Gewalt; 4. Anordnungen; 5. Gefängnis; 6. Kastensystem; 7. hungerte; 8. unabhängig; 9. erschossen
Lösungswort: **friedlich**

Aufgabe 19: individuelle Lösungen; evtl. den Gruppen bestimmte Lebensabschnitte zuteilen.

Lösungen

IV. Abschlusstest

1) Das OM-Zeichen (AUM) steht für die drei Lebensabschnitte des Menschen: Geburt, Leben und Tod. Diese heilige Silbe wird tagtäglich bei der Meditation gebraucht. Das zweite Symbol ist das Bindi, der rote Punkt auf Höhe des dritten Auges, den ursprünglich nur verheiratete Frauen trugen.

2) Die Gläubigen suchen einen Tempel auf, wenn sie des Segens oder der Hilfe einer Gottheit bedürfen. Im Gegenzug bringen sie den Göttern Opfergaben wie Reis, Süßigkeiten, Blumen oder Kerzen dar.

3) Avataras sind ebenfalls Gottheiten, die jedoch die Gestalt eines Tieres oder eines Menschen haben. Die Hindus verehren den elefantenköpfigen Ganesha mit besonderer Hingabe. Er gilt als der Bote des Glücks und als besonders weise.

4) Der Hinduismus zählt rund 900 Millionen Anhänger und ist somit die drittgrößte Weltreligion. Besonders verbreitet ist der Hinduismus in Ländern wie Bangladesch, Nepal, Sri Lanka und auf Bali.

5) Die Hindus glauben, dass die Anzahl der Wiedergeburten, die sie bis zur Erlösung durchlaufen müssen, durch ein Bad im heiligen Fluss reduziert wird.

6) Die Heiligen Schriften werden Veden genannt und enthalten Priestergesänge, Beschwörungen sowie Erzählungen über Götter.

7) Die unterste Kaste heißt Shudras. Ihr gehören beispielsweise Knechte und Diener an. Dann kommt die Kaste Vaishyas zu der reiche Bauern und Händler zählen. Die vorletzte Kaste wird Kshatriyas genannt und setzt sich aus Kriegern und Beamten zusammen. Der obersten Kaste der Brahmanen gehören Priester und Gelehrte an.

8) Das Holi-Fest ist ein Frühlingsfest, das auch Fest der Farben genannt wird. Dabei wird mit großen Umzügen ausgelassen der Sieg des Guten über das Böse gefeiert. Während dieses Festes wird die Kastenzugehörigkeit der Menschen ignoriert und die Kinder bewerfen sich freudig mit bunten Farbtupfern. Das Holi-Fest erinnert auch an den Sieg Krishnas über den Winterdämon Holika. Die Holika-Figur aus Stroh wird in einem großen Feuer verbrannt, dann tanzen die Hindus übermütig um das Feuer.

9) In eine höhere Kaste kann man nach dem Glauben der Hindus nur aufsteigen, wenn man in diesem Leben gutes Karma ansammelt. So kann man im darauffolgenden Leben in eine höhere Kaste wiedergeboren werden.

10) Der wichtigste Grundsatz für Gandhi war es, stets ohne Gewalt auszukommen und seine Visionen friedlich durchzusetzen. Sein Widerstand gegen die Besatzungsmacht Großbritannien dauerte viele Jahre an. Um seine Ziele zu erreichen, verweigerten seine Anhänger es, Anordnungen der Briten auszuführen. Gandhi selbst hungerte oft monatelang.

11) Die Glaubensrichtungen unterscheiden sich insbesondere in Hinblick auf die Rituale, die heiligen Schriften und darin, welche Götter besonders verehrt werden.

12) Brahma gilt als die wichtigste Gottheit und steht für die göttliche Kraft, die alles auf Erden lebendig macht.

Bildnachweise:
Seite 7: wikimedia.org
Seite 8: wikimedia.org
Seite 13: fotolia
Seite 15: wikimedia.org
Seite 16: theindiaphile.com
Seite 18: K.H.S./pixelio.de; Ekta Parishad/wikimedia.org;
Seite 24: Eva-Maria Noack
Seite 26: Jorge Royan/wikimedia.org
Seite 29: fotolia
Seite 30: fotolia
Seite 34: hinduhumanrights.info
Seite 39: wikimedia.org